U0111789

大展好書　好書大展
品嘗好書　冠群可期

大展好書　好書大展

品嘗好書　冠群可期

少林功夫㉔

少林器械對練

徐勤燕
釋德虔 編著

大展出版社有限公司

作者簡介

徐勤燕　女，生於 1962 年，原籍山東郯城。自幼從父徐祗法（法名素法）學練少林武術，於 1982 年春到少林寺拜素喜和尚爲師，賜法名德炎。在少林寺學武多年，擅長少林看家拳、螳螂拳和十八般武藝。不僅武功卓著，而且文筆亦佳，十年來共著有《少林功夫辭典》《少林羅漢拳》《少林劍術秘傳》等三十餘部少林武術專著，總計 350 萬字，發行到世界 48 個國家和地區，爲弘揚少林武術和促進中外文化體育交流有極大的貢獻。

德炎大師先後應邀赴新加坡、馬來西亞、俄羅斯、日本等國家訪問教學，受到國際武術界高度好評。現任少林寺國際武術學院院長、登封市少林少年軍校校長兼政治委員、國際少林拳聯合總會副秘書長等職。

少林器械對練

釋德虔 俗名王長青，男，生於 1943 年，原籍河南省登封市大金店鎮王上村。自幼皈依少林寺，拜素喜和尚爲師，賜法名德虔。跟恩師專習少林武術六年，又跟少林高僧德禪學習中醫、針灸、氣功等，跟永祥和尚學練達摩易筋經、八段錦、七十二藝、點穴、擒拿、硬氣功等。1960 年寧夏中醫學校畢業，當年應征入伍，先後在新疆軍區工二師十四團和伊利地區行醫。1980 年返回少林寺，從事武術研究工作。

1982 年得到永祥和尚在少林寺火焚前復抄的《少林拳譜》四十八卷，開始從事少林武術的挖掘整理工作。二十年來撰寫了《少林拳術秘傳》《少林十八般武藝》《少林武術精華》《少林百科全書》《少林氣功秘集》等 70 多部少林武術專著，總計 1800 多萬字，發行到世界 82 個國家和地區，被譽爲「少林書王」。1992 年榮獲全國武術挖掘整理優秀成果獎。

德虔法師 1990～2004 年先後應邀赴美國、日

本、紐西蘭、俄羅斯、加拿大等 41 個國家和地區
訪問講學，中外弟子多達八千人，可謂桃李滿天
下。現任中國武術學會委員、國際少林易筋經學會
會長、國際少林聯合會顧問團團長、少林寺國際武
術學院常務院長等職。

少林器械對練

前　言

　　少林武術起源於中國河南省嵩山少林寺，距今有一千五百多年的歷史，可謂源遠流長，馳名中外。

　　少林武術是少林寺僧和俗家弟子長期艱苦磨練的結晶，具有樸實無華、進退一線、曲而不曲、直而不直、滾出滾入、重在實戰等特點，是我國最早最大的民間武術流派之一。久練不僅可強身健體、袪病延年，還可陶冶性情、磨練意志；不僅有自衛護身和懲罰歹徒的實際作用，還能從中得到人體美的藝術享受。

　　早在唐代，少林武術就開始傳向日本、韓國、越南、泰國、緬甸等國家和地區。新中國成立後，少林武術得到了空前未有的大發展。據統計，目前全世界已有六十多個國家約三千多萬人練習少林武術。正可謂：少林拳花開九州，少林弟子遍世界。

　　近幾年來，國內外同門和廣大少林武術愛好者紛紛來電來函，要求編寫一套通俗易懂、易於推廣的少林傳統武術教材。爲了滿足他們的要求，更廣泛地普及和推廣少林傳統武術，我們在人民體育出

版社的幫助下，根據珍藏少林拳械秘本和當今實際教學經驗，編寫了這套「少林傳統武術普及教材」。

本教材共分為八冊：《少林武術理論》《少林武術基本功》《少林拳》《少林棍》《少林常用器械》《少林稀有器械》《少林拳對練》《少林器械對練》。前兩冊是對少林武術的內容、常用術語、教學訓練、基本功夫、基本技法的介紹和概論；後六冊則是從《少林拳譜》的 576 個套路中精選出 52 個優秀傳統套路，分別對各動作圖附文加以說明。

本教材適宜國內外各武術館校、輔導站等習武場所的學員和教練員應用，並可供中小學體育教師和公安、武警工作者參考。

由於水平所限，書中錯誤難免，敬請讀者批評指正，以利再版時修訂。

本書在編寫和出版過程中，得到青年武師姜健民、陳俊錯、張軍偉、章順亮等大力支持，得到人民體育出版社叢明禮、駱勤方、范孫操等熱情幫助，在此一併致謝。

編著者

於少林寺

目　錄

少林器械對練

一、少林六合棍

歌訣：

六合棍法那那傳，出棍如同虎下山。

劈打如雷行如電，水潑難濕俠士衫。

戳刺穿搗撥撩掃，招招勢勢一剎間。

萬夫難擋一棍勇，六合棍法妙如仙。

棍梢戳矛亦稱槍，六合槍法乃此傳。

動作名稱及順序

預備勢

第一合

1. 甲泰山壓頂　　乙向外撥棍

2. 甲鳳凰點頭　　乙托杆擺柳

3. 甲上步挑棍　　乙向外撥棍

4. 甲向下壓棍　　乙攔棍打膝

5. 乙上步掃風　　甲縱跳躲棍

6. 甲飛箭穿月　　乙退步捆架

7. 甲翻棍掃落葉　乙撐杆起跳躲

8.乙鴻雁展翅　　甲退步掤架

9.乙上步穿梭　　甲轉身撥抵

10.甲乙轉身托棍走

11.甲轉身打頭　　乙轉身撥棍

12.甲上步搗膝　　乙退步撥棍

13.甲上步卸胯　　乙退步轉身

14.甲向下劈打　　乙轉身絞棍

15.乙跳步打頭　　甲收步撥架

16.乙劈棍橫掃　　甲撐杆跳躲

17.甲進步戳棍　　乙斜身撥棍

18.甲上步戳膝　　乙插樁擋棍

19.乙上步截面　　甲退步格棍

20.乙力劈華山　　甲退步撥擋

21.乙上步中下刺　甲獨立撥撩棍

22.甲乙上步舞花棍

23.甲乙金雞獨立勢

第二合

第三合

24.甲上步戳膝　　乙退步撥棍

25.甲向上挑棍　　乙上撥雲霧

26.甲上步劈棍　　乙閃身擋棍

27.乙上步戳陰　　甲退步下格

少林器械對練

28. 乙震腳掃打　　甲縱跳掄棍

29. 乙上步壓頂　　甲退步撥雲

30. 乙馬步劈頭　　甲閃身掃打

31. 乙轉身風火棍　甲後跳步撥棍

32. 甲跳步打頭　　乙退步架棍

33. 甲戳棍通膝　　乙提膝沉撥

34. 乙反棍戳腳　　甲反把撥棍

35. 甲乙上步轉身舞花棍

36. 乙轉身劈頭　　甲轉身撥棍

37. 乙上步中刺　　甲轉身格棍

38. 乙上步戳膝　　甲退步撩撥

39. 乙轉身穿槍　　甲退步搗腕

40. 甲轉身掃腿　　乙收腳格擋

41. 乙上步穿喉　　甲退步撥槍

42. 乙轉身戳臍　　甲馬步格牆

43. 乙轉身攔打　　甲弓步撥棍

44. 乙翻身打頭　　甲轉身架樑

45. 甲乙轉身劈棍

46. 甲乙霸王舉旗

第四合

第五合

47. 甲乙上步交鋒

48.乙上步斷脛　　　甲提膝端棍

49.乙跳步掃椿　　　甲轉身格擋

50.乙踮步壓頂　　　甲馬步架樑

51.乙上步搗腳　　　甲退步撥棍

52.甲上步打頭　　　乙退步撥雲

53.乙反手撩打　　　甲退步撥棍

54.甲乙錯身上步端棍走

55.甲乙轉身交鋒

56.甲上步打頭　　　乙退步撥雲

57.甲上步截喉　　　乙退步格擋

58.甲進步戳腿　　　乙退步撥打

59.甲上步搗腳面　　乙退步撩棍擋

60.甲上步挑月　　　乙退步撥雲

61.甲上步中平刺　　乙跳退招架勢

62.甲上步撥打　　　乙退步反撥

63.甲上步戳棍　　　乙提膝擋格

64.甲乙舞花端棍走

第六合

收勢

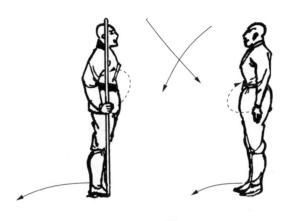

圖 1

預備勢

甲乙併步對面直立（圖1中繫白腰帶者為甲，繫黑腰帶者為乙），右手握棍，左手五指併攏，附於大腿外側，掌心向裏，身胸挺直。目視對方。

第一合

1. 甲泰山壓頂　乙向外撥棍

甲右腳前上一步，右腿屈膝，左腿蹬直，成右弓步，同時右手提棍由右向左掄舞花，左手接

圖2

棍，兩手握棍向前上方劈打，目視前方；乙右腳
向後退一步，兩腿成左弓步，同時兩手托棍向前
由左向右撥甲棍體，目視對方（圖2）。

2.甲鳳凰點頭　乙托杆擺柳

　　甲兩腿碾地，體左轉45度，兩手握棍，由上
向下劈打乙左腳；乙兩腳碾地，體稍向右轉，同
時兩手托棒，由右向左撥棍，目視甲棍（圖
3）。

圖3

圖4

3. 甲上步挑棍　乙向外撥棍

　　甲右弓步不變，兩手托棍由上向下猛挑；乙雙手握棍向上、向外撥棍，目視對方（圖4）。

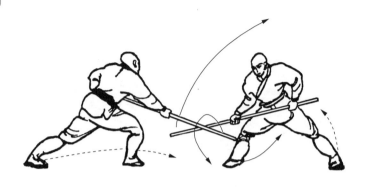

圖5

4. 甲向下壓棍　乙攔棍打膝

　　甲兩手握棍由右向左撥，然後用力向下壓；乙兩手持棍向左向右攔打對方右膝，目視對方（圖5）。

5. 乙上步掃風　甲縱跳躲棍

　　乙右手向下滑把，兩手握棍，由左向右翻棍，然後由右向左掃打甲足踝；甲速縱身跳起，兩手收棍向右掄，目視對方（圖6）。

6. 甲飛箭穿月　乙退步掤架

　　甲兩腳前落，成右弓步，同時兩手托棍隨身

圖 6

圖 7

勢向前上方戳棍；乙兩腳速向後跳一步，兩腿成
左弓步，同時兩手向上移把，兩手握棍，向前上
方橫棍搠架，目視對方（圖 7）。

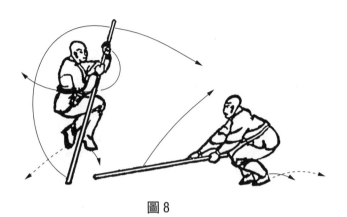

圖 8

7. 甲翻棍掃落葉　乙撐杆起跳躲

甲兩手握棍由左向右翻，然後由右向左、向下橫掃乙兩足踝部；乙兩手向上滑把，兩手握棍向後撐杆起跳躲棍，目視對方（圖 8）。

8. 乙鴻雁展翅　甲退步掤架

乙兩腳向前落成右弓步，同時左手脫把向後展臂撩掌，右手持棍向前戳刺甲頭部；甲兩腿速成右弓步，同時兩手移把端舉臂向前上方掤架，目視對方（圖 9）。

圖 9

圖 10

9. 乙上步穿梭　甲轉身撥抵

乙左腳向前上一步，同時兩手端棍由右向左前方穿戳甲胸部；甲兩腳碾地，體左轉90度，同時兩手倒把，握棍向後抵乙之棍，目視對方（圖10）。

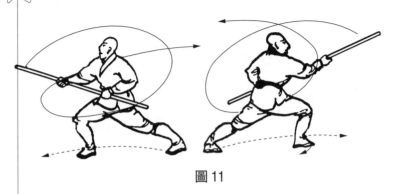

圖 11

10. 甲乙轉身托棍走

　　甲體右轉 90 度，右腳前上一步，乙體左轉 90 度，前上兩步，各成右弓步，同時各自移把掄舞花，然後調把托棍（圖 11）。

11. 甲轉身打頭　乙轉身撥棍

　　甲左腳向前上一步，兩腳碾地，體右轉 180 度，兩腿成右弓步，同時棍隨身掄兩個舞花，然後左手滑把，兩手握棍向前上方猛打對方頭部；乙左腳向前上一步，兩腳碾地，體左轉 180 度，同時，隨身掄兩個舞花，然後兩手握棍，向前上方由右向左撥對方犯棍，目視對方（圖 12）。

圖 12

圖 13

12.甲上步搗膝　乙退步撥棍

　　甲左腳前上一步，兩腿成左弓步同時掄半舞花，然後換把向前下方搗對方膝部；乙右腳向後退一步，同時兩手倒把，握棍向前下方由右向左撥甲方犯棍，目視對方（圖13）。

圖 14

13. 甲上步卸胯　乙退步轉身

甲抬右腳前上一步，兩腿成右弓步，同時兩手握棍向前穿截；乙左腳後退一步，兩腳碾地，體左轉，同時掄半舞花，然後兩手握棍，向右側橫攔擋，目視對方（圖 14）。

14. 甲向下劈打　乙轉身絞棍

甲兩腳不動，掄半舞花，然後兩手握棍向下劈打；乙右腳後退一步，兩腿成左弓步，同時兩手調把掄兩個舞花，然後兩手握棍，向前下方由右向左撥棍，目視對方（圖 15）。

15. 乙跳步打頭　甲收步撥架

乙兩腳前跳一步，落成右弓步，同時兩手向

圖 15

圖 16

下滑把，兩手握棍向前上方打對方頭部；甲速收右腳，向右轉身跳步，同時兩手向下滑把，兩手握棍，隨身繞頭掄打一圈，然後撥擋甲來犯之棍，目視對方（圖16）。

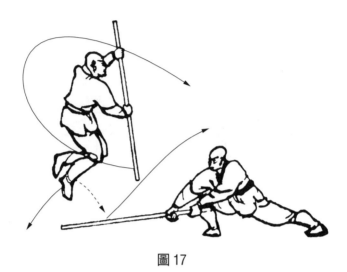

圖 17

16. 乙劈棍橫掃　甲撐杆跳躲

乙速兩腳起跳，落地成左仆步，同時兩手握棍，由上向下由右向左劈掃；甲兩手向前豎棍撐杆，兩足向上縱跳躲棍，目視對方（圖17）。

17. 甲進步截棍　乙斜身撥棍

甲兩腳前落一步，體稍向右轉90度，兩腿成左弓步，同時兩手倒把，向前上方戳棍；乙兩腳碾地，體左轉90度，上體向左側傾斜，同時兩手移把，向右後方撥棍，目視對方（圖18）。

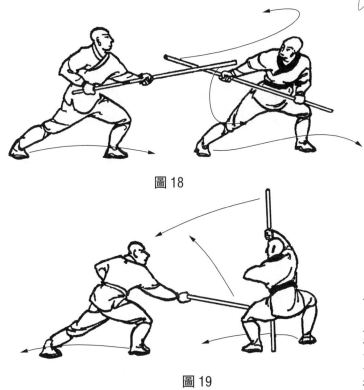

圖 18

圖 19

18. 甲上步戳膝　乙插樁擋棍

甲右腳前上一步，兩腳成右弓步，同時，兩手握棍向前下方戳擊；乙右腳前上一步，兩腳碾地，體左轉 180 度，兩腿成馬步，同時兩手換把，掄半舞花，然後向身左側豎棍，擋住對方戳擊之棍，目視對方（圖 19）。

圖 20

19. 乙上步戳面　甲退步格棍

乙兩腳碾地，體左轉 90 度，右腳前上一步，兩腿成右弓步，同時兩手倒把，向前戳擊對方面部；甲右腳後退一步，兩腿成左弓步，同時，兩手握棍向前格擋對方犯棍，目視對方（圖 20）。

20. 乙力劈華山　甲退步撥擋

乙兩腳不動，兩手握棍由上向下猛劈；甲左腳後退一步，兩腿成右弓步，同時兩手握棍向前下方由左向右撥擋對方犯棍，目視對方（圖 21）。

圖 21

圖 22

21. 乙上步 中下刺 甲獨立撥撩棍

乙左腳前上一步，兩腿成左弓步，同時兩手換把，向前稍下方刺棍；甲右腳後退一步，左腿提膝，同時兩手調把向前撥對方來犯之棍，目視對方（圖 22）。

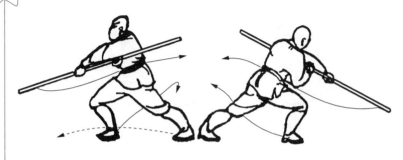

圖 23

22.甲乙上步舞花棍

甲左腿向前落一步，向前連走 4 步，邊走邊
掄舞花；乙向前連走 5 步，邊走邊掄舞花（圖
23）。

23.甲乙金雞獨立勢

甲兩腳碾地，體左轉 180 度，右腿提膝，同
時掄兩個舞花，然後倒把托棍，目視對方；乙左
腳向前上一步，兩腳碾地，體右轉 180 度，左腿
提膝，同時掄兩個舞花，然後倒把托棍，目視對
方（圖 24）。

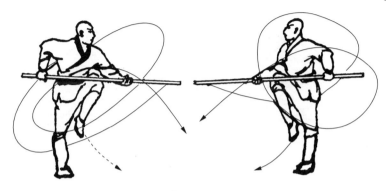

圖 24

第二合

按照第一合的二十三勢動作，乙做甲的動作，甲做乙的動作。

第三合

24. 甲上步戳膝　乙退步撥棍

甲左腳向前落一步，右腳前上一步，成右弓步，同時掄兩個舞花，然後向後滑把，兩手握棍向前戳對方膝部；乙右腳前落一步，兩腿成右弓步，同時掄兩個舞花，然後兩手握棍向前由右向左撥打，目視對方（圖 25）。

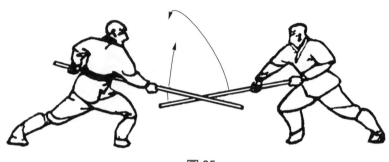

圖 25

圖 26

25. 甲向上挑棍　乙上撥雲霧

　　甲兩腳不動，兩手持棍由下向上猛挑；乙兩手握棍向上由右向左撥棍，目視對方棍梢（圖26）。

圖 27

26. 甲上步劈棍　乙閃身擋棍

　　甲兩腿成左弓步，同時兩手倒把向下猛劈；
乙兩腳不動，先上體向後閃，同時兩手向上滑
把，左腳前上一步，掄半舞花，然後用棍由右向
左撥擋對方棍端，目視對方（圖 27）。

27. 乙上步戳陰　甲退步下格

　　乙右腳前上一步，兩腿成右弓步，同時兩手
倒把，端棍向前伏身戳對方陰部；甲右腳後退一
步，成右虛步，同時掄舞花，然後上體右轉，握
棍由右向左撥格，目視對方（圖 28）。

圖 28

28. 乙震腳掃打　甲縱跳掄棍

乙左腳向前上一步，震腳，與右腳成併步，同時換把，兩手握棍由右向左溜地掃打；甲兩腳起跳，向上縱身避棍，同時掄棍欲打（圖 29）。

29. 乙上步壓頂　甲退步撥雲

乙右腳前上一步，兩腳成右弓步，同時兩手換把，向前上方再往下打；甲兩腳後落一步，兩腿成右弓步，同時掄半舞花，兩手握棍向前上方由左向右撥棍，目視對方（圖 30）。

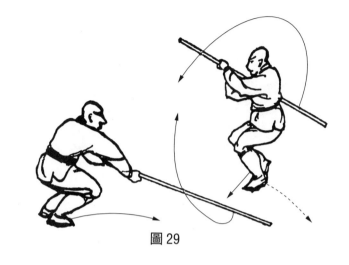

圖 29

圖 30

30. 乙馬步劈頭　甲閃身掃打

乙左腳向前進一步，兩腿屈膝成馬步，同時
掄半舞花，然後握棍由上向下前方猛劈；甲兩腳

圖 31

不動，上體向後閃躲，同時挑棍，然後向下由右
向左掃打，目視對方（圖 31）。

31. 乙轉身風火棍　甲後跳步撥棍

　　乙兩腳碾地，體左轉 90 度，右腳前上一步，
兩腿成右弓步，同時倒把掄舞花，然後握棍由右
向左上方扇打；甲兩腳後跳一步，兩腿成右弓
步，同時兩手握棍向前由右向左撥棍（圖 32）。

32. 甲跳步打頭　乙退步架棍

　　甲兩腳前跳一步，右腳落左腳前，兩腿成右
弓步，同時掄舞花，然後兩手握棍向前上方猛
打；乙右腳後退一步，兩腿成左弓步，同時兩手
移把，端棍向前上方架擋（圖 33）。

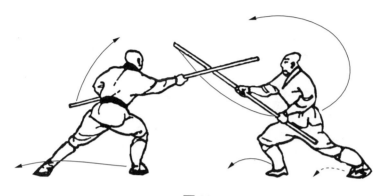

圖 32

圖 33

33. 甲戳棍通膝　乙提膝沉撥

　　甲兩腳前跳一步，兩腿成右弓步，掄舞花，
然後托棍向前下方戳對方膝部；乙左腳向後退一

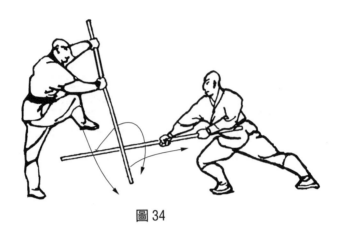

圖 34

步，右腳速提膝避棍，同時滑把沉棍撥格，目視對方（圖34）。

34. 乙反棍戳腳　甲反把撥棍

乙右腳前落一步，兩腿成右弓步，同時兩手握棍向前下方戳對方腳面；甲兩腳不動，反把握棍，沉臂向前下方由右向左撥棍（圖35）。

35. 甲乙上步轉身舞花棍

甲乙先左腳前上一步，後右腳前上一步，再左腳前上一步，同時邊上步邊掄舞花（圖36）。

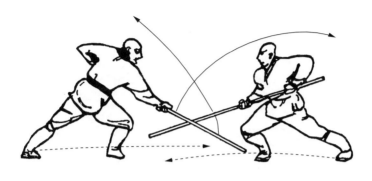

圖 35

圖 36

36. 乙轉身劈頭　甲轉身撥棍

乙兩腳碾地，體右轉 180 度，兩腿成右弓步，同時左右掄舞花，然後移把向前上方劈打；甲兩腳碾地，體右轉 180 度，兩腿成右弓步，同

圖 37

時左右掄舞花,然後移把,向前由右向左撥棍,目視對方(圖 37)。

37. 乙上步中刺　甲轉身格棍

乙左腳前上一步,兩腿成左弓步,同時兩手倒把,向前平戳;甲右腳後退一步,兩腳碾地,體右轉 90 度,同時兩手倒把,豎根縱格(圖 38)。

38. 乙上步戳膝　甲退步撩撥

乙右腳前上一步,兩腿成右弓步,同時兩手倒把,向前下方戳;甲左腳移於右腳後外側一

圖 38

圖 39

步，兩腳碾地，體左轉 90 度，兩腿成右弓步，同時掄半舞花，然後滑把由左向下撩撥（圖 39）。

圖 40

39. 乙轉身穿槍　甲退步搗腕

乙左腳前上一步，兩腿成左弓步，同時兩手倒把，向前下方刺棍；甲右腳後退一步，兩腳碾地，兩腿成左弓步，同時掄半舞花，然後兩手倒把向前中下刺，搗對方左手腕（圖40）。

40. 甲轉身掃腿　乙收腳格擋

甲兩腳碾地，體左轉45度，同時兩手倒把，握棍向前下方由右向左掃打；乙收左腳向後退半步，落右腳後，體左轉90度，兩腿成叉步，同時兩手倒把，握棍向右側下方由右向左格棍（圖41）。

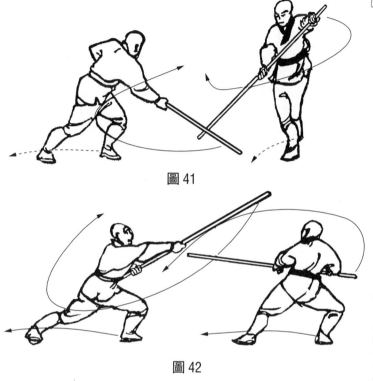

圖 41

圖 42

41. 乙上步穿喉　甲退步撥槍

　　乙兩腳碾地，體右轉 90 度，左腳前上一步，體繼續右轉，兩腿半蹲成馬步，同時倒把托棍向左側穿刺對方咽喉；甲左腳後退一步，兩腿成右弓步，同時掄舞花，然後反把撥對方來犯之棍（圖 42）。

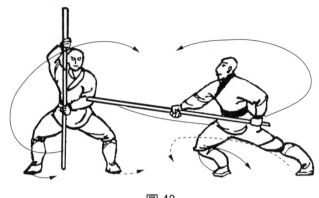

圖 43

42. 乙轉身戳臍　甲馬步格牆

　　乙兩腳碾地，體左轉 90 度，右腳前上一步，兩腿成右弓步，同時掄舞花，兩手倒把，握棍向前平刺；甲右腳後退一步，兩腳碾地，體右轉 90 度，兩腿屈膝半蹲成馬步，同時掄半舞花，然後倒把豎棍縱格（圖 43）。

43. 乙轉身攔打　甲弓步撥棍

　　乙兩腳原地墊跳向右轉體 90 度，落地成馬步，同時掄舞花，然後兩手握棍由後向前攔打；甲兩腳碾地，體左轉 90 度，兩腿成左弓步，同時掄舞花，然後滑把握棍向前由左向右撥打，目視

圖44

圖45

對方棍梢（圖44）。

44. 乙翻身打頭　甲轉身架樑

乙兩腳向左轉體180度跳步，兩腳成馬步，同時兩手倒把，握棍向右側上方劈打對方頭部；甲兩腳跳步左轉體90度，兩腿成馬步，同時兩手滑把，握把向上橫架擋住（圖45）。

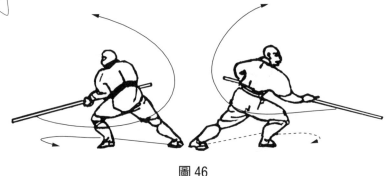

圖 46

45. 甲乙轉身劈棍

甲乙兩腳碾地,體右轉 90 度,向前連上三步,兩腿分別成右、左弓步,同時兩手滑把掄兩個舞花,然後向前下方劈棍(圖 46)。

46. 甲乙霸王舉旗

甲左腳、乙右腳前上一步,兩腳碾地,甲右轉、乙左轉 180 度,右腳向前半步,震腳,與左腳成併步,同時棍掄舞花,然後隨身向前舉棍,棍梢向上,目視對方(圖 47)。

第四合

依照第三合動作,乙做甲的動作,甲做乙的動作。

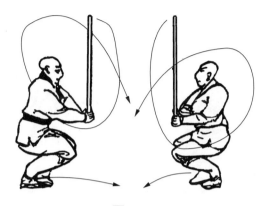

圖47

圖48

第五合

47. 甲乙上步交鋒

甲乙右腳前上一步，兩腿成右弓步，同時掄舞花，然後兩手滑把，握棍向下方交棍，目視對方（圖48）。

圖 49

48. 乙上步斷脛　甲提膝端棍

乙左腳前上一步，兩腿屈膝半蹲成馬步，同時掄半舞花，然後兩手滑把，向左側前下方戳棍；甲抬右腿提膝躲棍，同時兩手移把端棍，目視對方（圖49）。

49. 乙跳步掃椿　甲轉身格擋

乙兩腳前跳一步，右腳落左腳前，成右弓步，同時兩手握棍由右向左掃打；甲右腳後落一步，兩腿成左弓步，同時掄舞花，然後滑把握棍由右向左格擋（圖50）。

圖 50

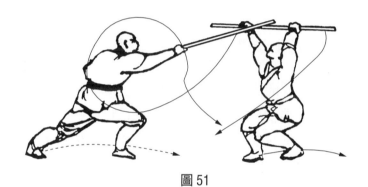

圖 51

50. 乙踮步壓頂　甲馬步架樑

　　乙兩腳向前踮跳一步，右腳落左腳前，兩腿
成右弓步，同時掄半舞花，然後兩手托棍向前劈
打；甲速抬左腳後退一步，落於後腳左側一步，
兩腿半蹲成馬步，同時掄半舞花，然後兩手移把
向前上方橫架上擋（圖51）。

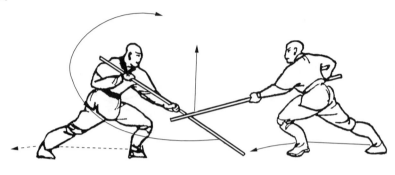

圖 52

51. 乙上步搗腳　甲退步撥棍

乙左腳前上一步，兩腿成左弓步，同時掄舞花，然後端棍向前下方搗擊；甲右腿後退一步，兩腿成左弓步，同時掄舞花，然後兩手握棍向前下方由右向左撥棍，目視對方（圖52）。

52. 甲上步打頭　乙退步撥雲

甲右腳前上一步，同時掄半舞花，然後向下劈打；乙後腳後退一步，然後兩手倒把向前上方撥棍，目視對方（圖53）。

53. 乙反手撩打　甲退步撥棍

乙兩腳不動，掄半舞花，然後反把由內向外

圖 53

圖 54

撩打；甲左腳前上一步，同時兩手向內移把，握
棍由右向左撥棍（圖 54）。

圖 55

54. 甲乙錯身上步端棍走

甲乙錯身，各向前連上四步，左腳在前成虛步，同時左右掄舞花，形成虛步後兩手倒把端棍，兩腿半蹲，目視前方（圖55）。

55. 甲乙轉身交鋒

甲乙左腳後退一步，兩腳碾地，體左轉180度，再上右腳，兩腿成右弓步，同時掄舞花，轉身後兩手倒把，向下方戳梢，目視對方（圖56）。

56. 甲上步打頭　乙退步撥雲

甲抬左腳前上一步，震腳，與右腳成併步，

圖 56

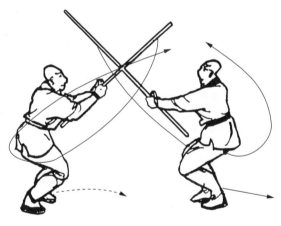

圖 57

同時兩手滑把握棍，向前上方劈打；乙右腳後退
一步，與左腳成併步，同時兩手握棍向前上方由
右向左撥格（圖 57）。

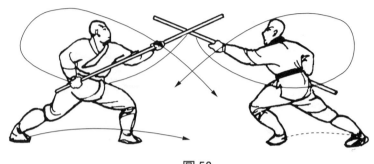

圖58

57.甲上步戳喉　乙退步格擋

甲左腳前上一步，兩腿成左弓步，同時掄半舞花，兩手倒把，握棍向前上方劈打；乙右腳後退一步，兩腿成左弓步，同時半舞花，兩手倒把，握棍向前上方由右向左撥棍（圖58）。

58.甲進步戳腿　乙退步撥打

甲右腳前上一步，兩腿成右弓步，同時掄舞花，然後兩手倒把，向前下方戳對方小腿；乙左腳後退一步，兩腿成右弓步，同時掄舞花，然後兩手倒把，向前下方由左向右撥棍，目視對方（圖59）。

圖 59

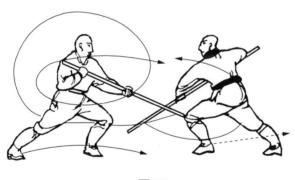

圖 60

59. 甲上步搗腳面　乙退步撩棍擋

　　甲左腳上步成左弓步，兩手握棍直搗乙右腳
面；乙右腳退一步成左弓步，由右向左撩棍格擋
（圖60）。

圖 61

60. 甲上步挑月　乙退步撥雲

　　甲右腳前上一步，兩腿成右弓步，同時掄舞
花，然後換把向前上方截；乙左腳後退一步，兩
腿成右弓步，同時掄半舞花，然後兩手倒把向前
上方由右向左撥棍，目視對方（圖61）。

61. 甲上步中平刺　乙跳退招架勢

　　甲左腳前上一步，同時掄半舞花，然後倒把
向前平刺；乙兩腳急向後撤一步，體右轉，兩腿
成馬步，同時兩手滑把握棍以待，目視對方（圖
62）。

圖 62

圖 63

62. 甲上步撥打　乙退步反撥

　　甲右腳前上一步，兩腿成右弓步，同時掄舞花，然後兩手移把向前下方由內向外撥打；乙上體左轉，左腳後退一步，兩腿成右弓步，同時掄半舞花，然後兩手倒把向前下方由左向右撩撥，目視對方（圖63）。

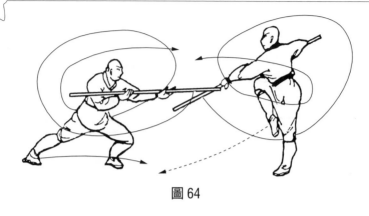

圖 64

63. 甲上步戳棍　乙提膝擋格

甲抬左腳前上一步，兩腿成左弓步，同時掄全舞花，然後換把托棍向前猛戳；乙右腿速提膝向後移身躲棍，同時掄半舞花，然後倒把握棍向前撥打（圖 64）。

64. 甲乙舞花端棍走

甲乙錯身各向前連上三步，右腳落左腳前，兩腿成右虛步，同時左右掄舞花，然後兩手端棍，兩腿半蹲，目視前方（圖 65）。

第六合

依照第五合動作，乙做甲的動作，甲做乙的動作。

圖 65

圖 66

收勢

　　甲乙右腳踏實，左腳向前上一步，兩腳碾地，向對方轉體 180 度，兩腿成併步，同時掄舞花，收棍豎立右側，左掌畫弧，然後垂臂，附於大腿外側，身胸挺直，目視對方（圖 66）。

二、少林六合槍

歌訣：

六合槍法澤公傳，三路槍法破天關。

頭路亦名鎮山槍，大呵一聲將出山。

烏龍入洞毒七巧，側耳聽見塞聞源。

白雲罩頂取首級，白鶴伸頂啄猿咽。

夜叉探海撥蓮腳，金雞獨立巧移山。

玉女穿梭如流星，青龍戲珠摘鳳眼。

鳳凰奪窩盤中倉，過步背槍符機緣。

懷中攬月巧摘桃，花裏藏枝可斷腕。

仙子折蓮取花梗，舞花亮槍隨風轉。

巧刺眼沙尋骨孔，門裏藏花破肋腱。

蜈蚣仆草開肚腸，金雞獨立露紅顏。

指地爲剛盤底根，孤雁出群一箭穿。

草裏藏花玄中妙，二郎擔山力無邊。

轉身交槍合眼法，取花斷根剿下盤。

回馬殺槍疾中疾，破陰槍招開底泉。

弄霧成雨虛含實，絞腸沙勢破肚爛。

背後紮槍最難防，金魚穿倉疾中然。

縮身格槍尋良機，舞花對槍護玉衫。

鷂子翻身展翅飛，魯班棚樑架泰山。

青龍戲水成滴漏，蠍子翹尾起毒煙。

三十六槍招招秘，戰法實旨亦眞言。

動作名稱及順序

預備勢	1.烏龍入洞	2.側耳聽風
3.白雲罩頂	4.白鶴伸項	5.夜叉探海
6.金雞獨立	7.玉女穿梭	8.青龍戲珠
9.鳳凰奪窩	10.過步背槍	11.懷中攬月
12.花裏藏枝	13.仙子折蓮	14.舞花亮槍
15.巧刺眼沙	16.門裏藏花	17.蜈蚣仆草
18.金雞獨立	19.指地爲剛	20.出群孤雁
21.草裏藏花	22.二郎擔山	23.轉身交槍
24.取花斷根	25.大殺回馬槍	26.破陰槍
27.弄霧成雨	28.絞腸沙	29.背後扎槍
30.金魚穿倉	31.縮身格槍	32.舞花對槍
33.鷂子翻身	34.魯班棚樑	35.青龍戲水
36.蠍子翹尾	收勢	

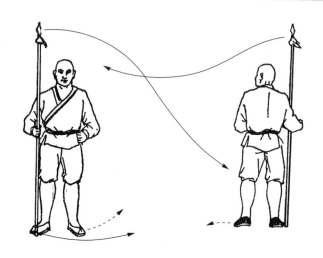

圖 1

預備勢

甲（穿黑鞋者）乙相距二丈，背向足立八字，右手握槍，左手握拳，抱於腰間，身胸挺身，目視對方（圖1）。

1. 烏龍入洞

甲以左弓步，兩手握槍，向乙眉中印堂穴猛刺；乙先以左弓步上擋槍，然後前上一步成右弓步，同時沉槍頭刺甲右手（圖2）。

圖2

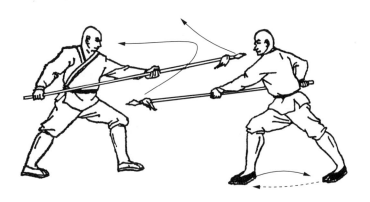

圖3

　　甲左腳後退一步，變為右弓步，同時向左撥
槍；乙左腳前上一步，變成左弓步，同時揚槍鋒
刺甲鼻部（圖3）。

圖4

2. 側耳聽風

甲左弓步向右滾槍，然後向上刺乙面部；乙左弓步不變，向前上抬槍擋住（圖4）。

乙左腳向右倒一步，使兩腿成叉步，同時抽槍向甲耳門穴扎去；甲兩腳碾地，體向左轉90度，使兩腿成叉步，同時反把向外撥槍（圖5）。

3. 白雲罩頂

乙兩腳向左跳一步，使兩腿成縱馬步，同時抽槍，猛向甲頂門刺去；甲兩腳速向後跳退一

圖5

圖6

步，落成馬步，兩手用力向下壓乙上刺之槍（圖
6）。

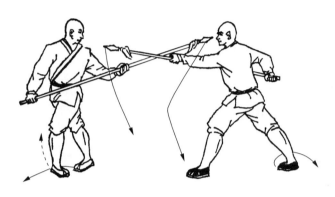

圖7

4. 白鶴伸項

甲左腳向前上一步,使兩腿成左弓步,同時抽槍向前刺乙咽喉;乙左腳移於右腳右側一步,使兩腿成叉步,急抽槍,向甲頦下猛刺去(圖7)。

5. 夜叉探海

甲兩腳碾地,體向右轉90度,同時反槍壓下乙槍,然後隨力變成左仆步;乙右腳向右挪一步,左腿提膝,然後舉右臂沉左把,向前下扎甲左腳面(圖8)。

圖 8

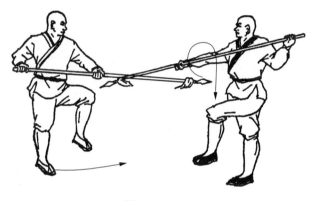

圖 9

6. 金雞獨立

甲左腿提膝，然後換把，抽槍下撥乙槍（圖9）；乙抽槍，兩腳向左側前方跳一步，落成右弓步，同時出槍下刺甲脛骨（圖10）。

圖 10

圖 11

7. 玉女穿梭

　　甲左腳向前落一步，使兩腿成左弓步，同時
雙手握槍向乙腰部扎（圖 11）；乙兩腳向左側跳
一步，落成左弓步，同時兩手換把，持槍由右向
左橫刺甲左腿脛骨（圖 12）。

圖 12

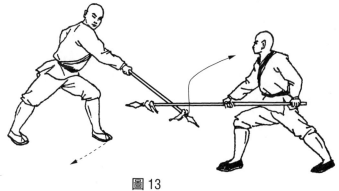

圖 13

8. 青龍戲珠

甲身向後仰，同時左腳後退一步，使兩腿成右弓步，兩手滑把向後撥乙進犯之槍（圖 13）；乙急抽槍，然後左腳移於右腳外側，使兩腿成叉步，同時兩手變把，抬槍上刺甲眼睛（圖 14）。

圖 14

圖 15

9. 鳳凰奪窩

甲兩手握槍向外崩槍（圖 15）；乙右腳向右移一步，向左轉體 90 度，使兩腿成馬步，然後兩手換把，握槍猛刺甲肚腹（圖 16）。

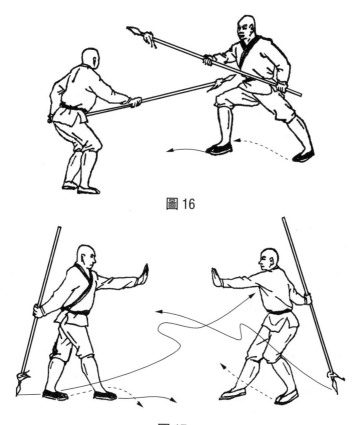

圖 16

圖 17

10. 過步背槍

　　甲乙先抬左腳後抬右腳向前連上三步，然後
兩腳碾地，體向右轉 180 度，右腳變成右虛步，
同時舞花，轉身背槍，左膝微蹲，左掌向前推
出，掌心向前，目視對方（圖 17）。

圖 18

11. 懷中攬月

　　甲兩腳向前縱跳一大步，兩腿成右弓步，同時兩手握槍向乙膻中穴猛刺；乙左腳向右側上一步，使兩腿成叉步，上體向左側傾斜，同時向上挑甲來槍，然後反把刺甲心口（圖 18）。

12. 花裏藏枝

　　甲上體向右側一閃，將槍向下壓住乙槍；乙急抽槍，左腳移於右腳左後側一步，使兩腿成右弓步，同時兩手滾臂滑把，向前偷刺甲左手（圖19）。

圖 19

圖 20

13. 仙子折蓮

　　甲右腿後退半步，同時反腕扭臂滾槍擋住乙
來犯之槍；乙兩腳向前半步，僅兩腿成右大弓
步，同時抽槍，滾臂向前下刺甲左腿（圖20）。

圖 21

14. 舞花亮槍

甲乙兩腳碾地，體向左轉 360 度，槍隨身順舞花，轉身兩腿屈膝，然後左手鬆把，右手握槍，反腕向後，左掌向前推出，掌心向前，目視對方（圖 21）。

15. 巧刺眼沙

甲兩腳跳步向前，成左弓步，同時掄槍一周，然後向前刺乙左膀；乙抬左腳向右閃身成叉步，同時滾臂向外撥槍（圖 22），然後上左腳為左弓步，沉招下扎甲左腿部（圖 23）。

圖 22

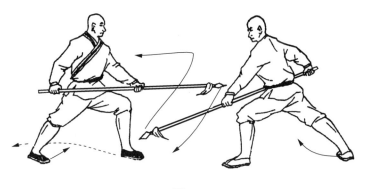

圖 23

16. 門裏藏花

　　甲速向左閃身跳一步，兩腿變為右弓步，同時進槍擋住；乙奮力抽槍，右腳向右移一步使兩

圖 24

腿成馬步，同時兩手握槍向前猛刺甲左腹部（圖
24）。

17. 蜈蚣仆草

甲速撤右腳，使兩腿成馬步，同時兩手反把
向外撥槍；乙兩腳不動，馬步不變，上身向後一
仰，同時急抽槍，然後向甲小腿扎去（圖 25）。

18. 金雞獨立

甲乙以兩腳為軸，體向右轉 90 度，右腿提
膝，同時半舞花，然後右手舉臂豎槍，左掌由左
向右屈肘橫推，目視對方（圖 26）。

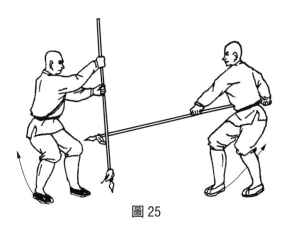

圖 25

圖 26

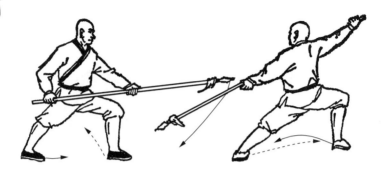

圖 27

19. 指地爲剛

甲體左轉 90 度，向前跳一步，使兩腿成左弓步，同時沉右臂，左手接槍，揮臂向前猛刺；乙速向左轉體 90 度，右腿後退一步，使兩腿成低弓步，同時向左閃身用槍下扎甲左腳面（圖 27）。

20. 出群孤雁

甲左腿提膝，同時兩手反臂倒豎槍外擋；乙縮臂抽槍，同時揚左把，右手協推，滾槍向甲腹部猛刺（圖 28）。

21. 草裏藏花

甲左腳向後落一步，成右弓步，同時揚槍鋒，

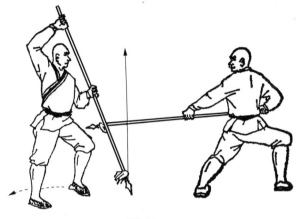

圖 28

圖 29

然後兩手反把，抵擋乙進犯之招；乙右弓步不變，
急抽槍，然後滾槍直扎甲左腰部（圖29）。

圖 30

22. 二郎擔山

甲乙各以兩腳為軸,甲體向左轉 270 度,乙左轉 360 度,各上右腳使兩腿成右弓步,同時左手鬆把,右手舞花,然後槍隨身勢舉臂放於右肩上,左掌變拳,向左後側展臂撩拳,目視左側,形如擔柴望山(圖 30)。

23. 轉身交槍

甲乙各以兩腳為軸,體向左轉 90 度,使兩腿成左弓步,同時各自掄槍轉身,合把向前上方對刺槍,使兩槍相交,目視對方(圖 31)。

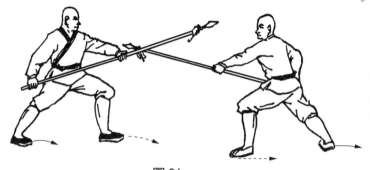

圖 31

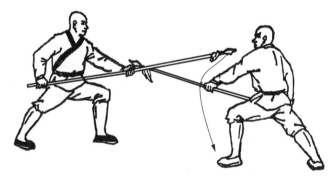

圖 32

24. 取花斷根

甲兩腿向前跳一步，落地後成左弓步，同時
兩手合把持槍向前上方刺乙頭部；乙兩腳向後退
一步，成左弓步，持槍向上抵擋（圖32）。

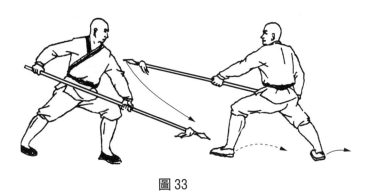

圖 33

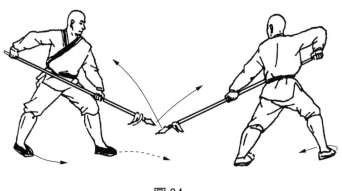

圖 34

　　甲左弓步不變，急抽槍，然後反把下扎乙左
足踝（圖33）；乙抬左腳向右轉身180度後跳，
大退一步，成右弓步，托槍欲走（圖34）。

圖 35

25. 大殺回馬槍

甲兩腳向前跳一大步，兩腿成左弓步，同時兩手合把向前直刺；乙上體左轉 90 度，使兩腿成右橫弓步，左手向下滑把，右手合把，游槍向左後側猛扎甲腹肋部（圖 35）。

26. 破陰槍

甲右腳移於左腳外側，使兩腿成叉步，兩手反腕滾臂向外撥槍；乙抽槍，右腳向前上半步成右虛步，同時兩手抬槍由後向前挑甲陰部（圖 36）。

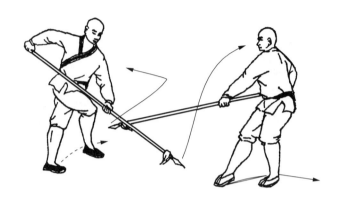

圖 36

27. 弄霧成雨

甲左腳向左移一步，閃身躲槍，使兩腿成馬步，然後舉臂抬槍，向上刺乙頭部；乙右腳後退一步，成左弓步，同時反把扭身斜刺甲左腋下肋部（圖 37）。

28. 絞腸沙

甲右腳向前上一步，使兩腿成右弓步，同時沉臂轉身向下壓槍，然後抽槍，再向乙下腹部絞槍；乙左腿後退一步，使兩腿成右弓步，同時反把向外撥槍（圖 38）。

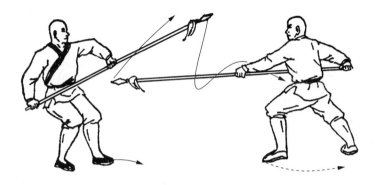

圖 37

圖 38

29. 背後扎槍

　　甲抽槍，兩腳碾地，體向左轉 180 度，成左
虛步，兩手托槍，連上三步（圖 39）；乙兩腳向

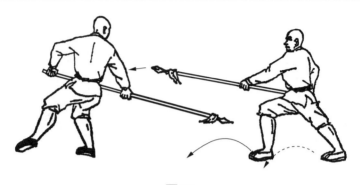

圖 39

圖 40

前跳一步，兩腳落地成右弓步，兩手架槍，向甲
背上部扎槍（圖40）。

30. 金魚穿倉

甲兩腳不動，上體右轉90度，反臂格槍，然
後兩腳向左後側跳一步，體左轉180度，翻身後

圖 41

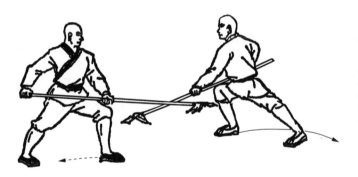

圖 42

成左弓步，同時兩手換把，握槍由右向左刺乙左
側腹部（圖 41）；乙右腳向右側移一步，上體向
右閃，使兩腿成右橫弓步，同時起槍外格（圖
42）。

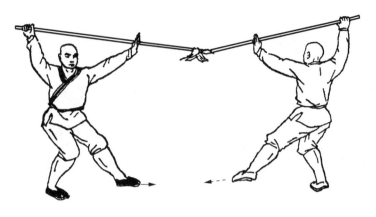

圖43

31. 縮身格槍

甲乙各自收前腳,向後退一步,使兩腿成左虛步,同時兩手半舞花,然後舉臂向前斜格槍,槍尖斜向下,目視對方(圖43)。

32. 舞花對槍

甲乙左腳向前上一步,成左弓步,同時掄半花,向前斜上交槍(圖44)。

33. 鷂子翻身

甲抽槍,右腳向右橫跨一步,使兩腿成馬

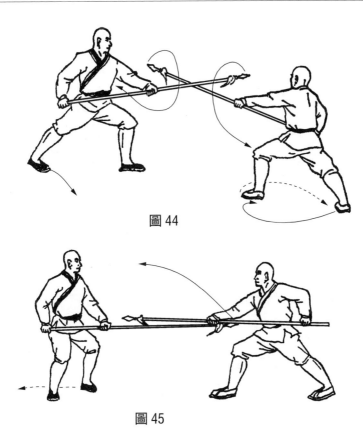

圖 44

圖 45

步，同時兩手反臂沉槍，向乙左腿猛刺；乙兩腳
向右側後方轉身跳步，落成右弓步，同時兩手倒
把，向前猛刺甲胸部（圖45）。

34. 魯班棚樑

甲左腳後退一步，使兩腿成右弓步，同時兩

圖 46

手倒把舉臂橫架槍桿，前擋乙槍；乙右弓步不變，用力向下壓槍，目視對方（圖46）。

35. 青龍戲水

甲兩腳後跳一步，托槍成敗勢；乙持槍上左腳追刺（圖47）。

甲兩腳落地成左仆步，同時兩手合把由右向左橫槍偷刺乙陰部；乙右腳左移，向左閃身成叉步，兩手反臂格槍（圖48）。

36. 蠍子翹尾

甲抽槍，然後左腳向右一步，同時托槍佯

圖 47

圖 48

敗；乙左腳向前挪步，成左弓步，兩手換把向前
追刺甲（圖49）。

　　甲速向右轉身，變成左仆步，抬槍上刺乙咽
喉，左手向左撩手；乙抽槍向右閃身退步，成左
仆步擋槍（圖50）。

圖 49

圖 50

收　勢

　　甲乙起身，收左腿，足立八字，右手豎槍於
體右側，左手握拳於腰間，身胸挺直（同預備
勢）。

三、奪匕首

歌訣：

白手奪匕首，秘訣在護頭。

兼封喉眼耳，有險早溜走。

側身護二心，滾翻躍騰修。

驟恨擊他腕，敵刀飛沒有。

霎時擒敵歸，英名傳千秋。

動作名稱及順序

預備勢

1.乙向前快走　甲快步追踹

2.甲持匕首刺　乙俯滾而逃

3.甲乙對陣勢

4.甲尋機行刺　乙謹慎對付

5.甲向前刺喉　乙伸左手格

6.甲施沖心拳　乙用右拳擋

7.甲施三刺頭　乙左右閃躲

8.甲舉匕首刺　乙抬臂格擋

9.甲泰山壓頂　乙仰拳上格

10.甲仰手上刺　乙繃臂舉格

11.甲浪子踢球　乙俯地爬躲

12.甲追進欲刺　乙施金絞剪

13.甲乙滾翻對陣勢

14.甲跳進扎喉　乙舉臂上格

15.甲沉刀扎頭　乙低頭閃躲

16.甲錯身而走　乙轉身抓背

17.甲轉身行刺　乙回馬痛擊

18.甲捲土重來　乙俯身躲刺

19.甲回刀再刺　乙舉手格擋

20.乙浪子踢球　甲轉身逃走

21.甲滾翻躺地　乙躍步騰空

22.乙壓身搗喉　甲起刀刺腕

23.甲施朝天蹬　乙用鐵掌擋

24.甲乙各自滾翻

25.甲乙馬上對陣

26.甲舉臂上刺　乙伸手格擋

27.甲陰拳揣肚　乙崩錘封格

28.甲按背行刺　乙俯身閃躲

29.甲向右欲刺　乙向左閃躲

30.甲舉手扎頭　乙伸左手擋

31.甲左手搶喉　乙後仰躲避

32.甲舉手行刺　乙跌地仰臥

33.甲乙滾翻

34.甲乙對陣

35.甲上步刺頭　乙向前擒腕

36.乙抬足踹胸　甲仰身躲避

37.乙左腳踢背　甲匕首落地

38.甲抬頭欲起　乙下砸重拳

39.甲再次欲起　乙右腳下踹

40.乙伸手掂拎　甲被制轉旋

收勢

預備勢

甲右手握匕首，兩足側縱併立，兩臂下垂；

乙兩足側縱併立，兩臂下垂，掌附大腿外側（圖1）。

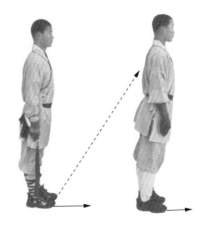

圖1

圖2

1. 乙向前快走　甲快步追踹

乙在前面快步行走；

甲緊步追上，速抬兩腳向前跳步，當全身騰空時，左腳向前踹擊乙背部（圖2）。

2. 甲持匕首刺　乙俯滾而逃

甲左腳高踹不變，欲刺乙頭後；

乙向前俯身滾身而逃（圖3）。

3. 甲乙對陣勢

甲左腳下落，使兩腿成低勢馬步，左掌變

圖3

圖4

拳，向前屈肘亮拳，右手持匕首向後藏刀；

乙向前滾翻一周，翻身後起身，左腳在前，使兩腿成低勢馬步，左拳向前屈肘亮拳，右拳抱於腰間，目視甲（圖4）。

圖 5

4. 甲尋機行刺　乙謹慎對付

　　甲體向左轉，抬右腳向前上半步，再抬左腳向前上一步，左臂屈肘亮拳，匕首藏於身後，目視乙；

　　乙抬右腳向左上一步，再抬左腳向左上步，以環行走步，左手屈肘亮拳，右拳藏於背後（圖5）。

5. 甲向前刺喉　乙伸左手格

　　甲右腳向前上一步，體向左轉90度，使兩腿成縱馬步，同時伸右手向乙喉部行刺；

　　乙抬左腳移於右腳外側一步，體向左轉90

圖6

圖7

度，成縱馬步，伸左拳向前格擊甲右手腕部（圖
6）。

6.甲施沖心拳　乙用右拳擋

甲馬步不變，速出左拳向乙腹部沖擊；
乙馬步不變，速出右拳擋住甲拳（圖7）。

圖 8

圖 9

7. 甲施三刺頭　乙左右閃躲

甲抬右匕首向左前方刺乙頭部；
乙速向右低頭斜身閃躲（圖8）。
甲抬右匕首反把向左前方刺乙頭部；
乙速向左低頭閃躲（圖9）。

圖 10

圖 11

甲又施右匕首向左前方刺乙頭部；
乙向右低頭斜身閃躲（圖 10）。

8. 甲舉匕首刺　乙抬臂格擋

甲出右匕首向前刺乙頭部；
乙速抬左拳向前格擋，並向下壓甲之匕首
（圖 11）。

圖 12

9. 甲泰山壓頂　乙仰拳上格

甲出左拳向前劈打乙頭部；
乙速出右拳向前、向上格住（圖 12）。

10. 甲仰手上刺　乙繃臂舉格

甲翻腕仰刀上刺；
乙左拳繃臂上舉格擋（圖 13）。

11. 甲浪子踢球　乙俯地爬躲

甲抬右腳向前踢擊乙左小腿；

圖 13

圖 14

乙仰身俯地爬躲（圖 14）。

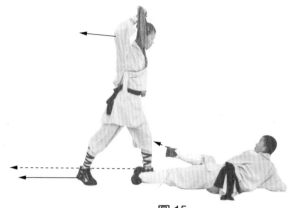

圖 15

圖 16

12. 甲追進欲刺　乙施金絞剪

甲向前跳步舉匕首向乙欲刺；

乙抬右腳彈蹬甲左小腿（圖 15、圖 16）。

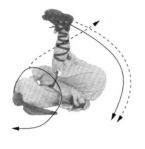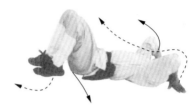

圖 17

圖 18

13. 甲乙滾翻對陣勢

甲乙屈腿向後跳躍滾翻（圖 17）。

甲乙滾翻起身後變為橫馬步，屈肘進左拳，目視對方成對陣勢（圖 18）。

圖 19

14. 甲跳進扎喉　乙舉臂上格

甲體向左轉，抬兩腳向前跳躍成右弓步，同時舉右匕首向前扎乙咽喉；

乙兩腳向前滑步成左弓步，同時舉左拳向上格擋（圖 19）。

15. 甲沉刀扎頭　乙低頭閃躲

甲持匕首下扎乙頭部；
乙低頭撞擊甲下頷（圖 20）。

16. 甲錯身而走　乙轉身抓背

甲向左錯身閃躲（圖 21）；

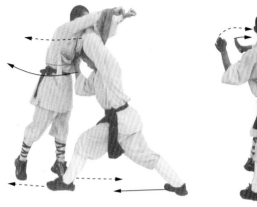

圖 20　　　　　　　　圖 21

圖 22

乙轉身施右手抓甲後背（圖 22）。

圖 23

17. 甲轉身行刺　乙回馬痛擊

甲突然轉身，舉匕首行刺；

乙速回身出左拳向前痛擊甲右腕部致甲右手
匕首落地（圖 23）。

18. 甲捲土重來　乙俯身躲刺

甲拾起匕首向乙頭上刺；

乙向前左俯身閃躲（圖 24）。

圖 24

圖 25

19. 甲回刀再刺　乙舉手格擋

　　甲左腳向右腳後移半步，回匕首向前刺乙
頭；

　　乙右腳向右後方滑半步，同時舉左拳向前上
擋擊（圖 25）。

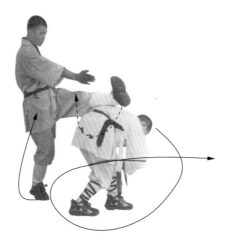

圖 26

20. 乙浪子踢球　甲轉身逃走

乙抬左腳向前踢擊甲襠部；
甲急轉身躲避（圖 26）。

21. 甲滾翻躺地　乙躍步騰空

甲向前滾翻 360 度，然後仰臥在地；
乙向前躍步騰空（圖 27）。

22. 乙壓身搗喉　甲起刀刺腕

乙躍步落到甲跟前壓倒其身，伸手搗甲喉

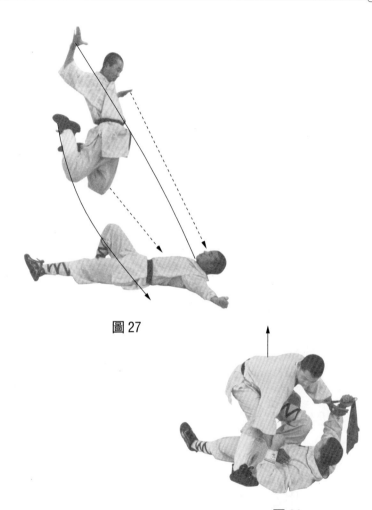

圖 27

圖 28

部；

　　甲舉刀刺乙腕部，乙伸左手格擋（圖28）。

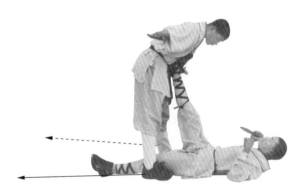

圖 29

23. 甲施朝天蹬　乙用鐵掌擋

甲抬右腳向上踢擊乙頭部；
乙速起身，並用左手擋住（圖29）。

24. 甲乙各自滾翻

甲乙向相反方向屈足滾翻360度（圖30）。

25. 甲乙馬上對陣

甲乙滾翻起身後變兩腿為馬步，同時各出左
拳，對視觀陣（圖31）。

圖 30

圖 31

26. 甲舉臂上刺　乙伸手格擋

甲舉右匕首向前刺乙咽喉；

乙抬左手向前格擋（圖 32）。

圖 32

圖 33

27. 甲陰拳揣肚　乙崩捶封格

甲突然出左拳向前下方揣擊乙下腹部；
乙速出右拳向前下方封格（圖 33）。

28. 甲按背行刺　乙俯身閃躲

甲向左閃身按住乙背部欲刺；
乙向右側閃身躲避（圖 34）。

圖 34

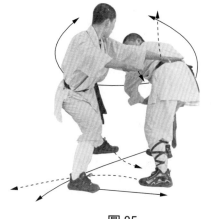

圖 35

29.甲向右欲刺　乙向左閃躲

甲向右閃身上步行刺；

乙向甲左側閃身上步走躲（圖 35）。

圖 36

30.甲舉手扎頭　乙伸左手擋

甲舉手下扎乙頭；
乙出左手向上格擋（圖36）。

31.甲左手搶喉　乙後仰躲避

甲伸左手向前搶卡乙咽喉；
乙向後仰身閃躲（圖37）。

32.甲舉手行刺　乙跌地仰臥

甲舉右手向前扎乙頭面；

圖 37

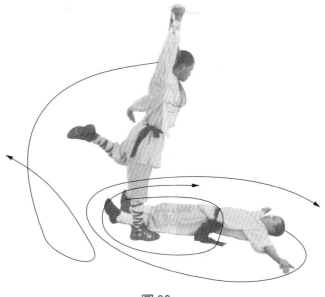

圖 38

乙向後跌地仰臥（圖38）。

圖 39

33.甲乙滾翻

甲乙都反向滾翻（圖 39）。

34.甲乙對陣

　甲乙滾翻起身後變為大叉步，各以左拳相持，目視對方（圖 40）。

35.甲上步刺頭　乙向前擒腕

　甲抬右腳向前上一步，舉匕首刺乙頭面；
　乙抬左手擒住甲右手腕，出右手拿右臂（圖 41）。

圖 40

圖 41

圖 42

36.乙抬足踹胸　甲仰身躲避

乙抬右腳向前踹擊甲胸部；

甲向後仰身躲避（圖42）。

37. 乙左腳踢背　甲匕首落地

乙兩手拿甲右手臂不變，速抬左腳踢擊甲背
部；

甲右手被制而匕首落地，同時也前俯倒地
（圖43、圖44）。

圖 43

圖 44

圖 45

圖 46

38. 甲抬頭欲起　乙下砸重拳

甲抬頭欲起（受拳擊而趴下）；

乙下砸右重拳（圖45、圖46）。

圖 47

圖 48

39. 甲再次欲起　乙右腳下踹

甲抬頭欲起；

乙抬右腳下踹甲背部，致甲趴下（圖 47、圖
48）。

圖 49

圖 50

40. 乙伸手掂拎　甲被制轉旋

乙伸左手抓住甲衣領，向身前拎起；
甲被制伏，順牽旋轉（圖 49、圖 50）。

圖 51

收　勢

　　乙鬆開左手，收左腳與右腳成併步，兩臂下垂，掌附大腿外側；

　　甲體向左轉 180 度，使兩腳成併步，兩臂下垂，目視前方（圖 51）。

四、大刀進槍

歌訣：

大刀抵槍藝，武林古今稀。
槍爲百兵王，遠近殺招奇
少林挪挪爺，大刀破槍技。
砍削劈撩撂，絞挪搗驟襲。
上格下撥槍，截腰身分離。
舞花密如雲，百戰百勝利。

動作名稱及順序

預備勢
　1.甲持刀掃頭　乙彎腰躲刀
　2.乙施鎖喉槍　甲用刀撥槍
　3.甲乙撤步舞花
　4.甲乙弓步拉架
　5.乙跳步刺槍　甲跳步格槍
　6.乙再次刺槍　甲向外格槍
　7.乙上步打頭　甲向裏撥槍

8. 乙轉身扎腳　甲上步撩刀

9. 乙倒步刺面　甲向外撥槍

10. 甲上步撥槍　乙滑步扎槍

11. 甲上步削腰　乙俯身躲刀

12. 乙起身刺面　甲仰刀撥槍

13. 乙倒步扎腳　甲上步格槍

14. 甲上步劈刀　乙轉身掤架

15. 乙撤步下扎　甲倒步撥槍

16. 乙向上刺槍　甲倒把格槍

17. 乙連槍上刺　甲向裏撥槍

18. 乙上步打頭　甲向外格把

19. 乙倒步上刺　甲上步撥槍

20. 甲上步掛腿　乙跳步掃頭

21. 乙轉身上刺　甲轉身格槍

22. 乙倒步下扎　甲上步撥槍

23. 乙連槍下扎　甲撤步格槍

24. 乙倒步上刺　甲轉身撥槍

25. 乙倒步打頭　甲上步格把

26. 乙倒步上刺　甲返刀上格

27. 甲沉刀刺心　乙推把格刀

28. 乙向下扎槍　甲退步撥槍

29. 乙上步刺頭　甲跳步躲槍

30.乙跟步下扎　甲轉身撥槍

31.乙上步刺頭　甲仰刀格槍

32.乙連槍下扎　甲沉刀下撥

33.甲跳進絞刀　乙跳退絞槍

34.甲乙沉刀沉槍下絞

35.甲乙轉身背槍

36.甲乙踩腳

37.甲乙回頭望月

收勢

預備勢

甲（持大刀者）兩足併立，右手握刀，左手抱拳；乙（持槍者）兩足併立，右手握槍，左手抱拳（圖1、圖2）。

1. 甲持刀掃頭　乙彎腰躲刀

甲右腳向右跨一步，使兩腿成右弓步，同時，兩手握刀橫掃乙頭；

乙右腳向右橫跨一步，彎腰躲槍（圖3）。

圖1

圖2

圖3

圖 4

2. 乙施鎖喉槍　甲用刀撥槍

乙右腳向右撤一步，體左轉 90 度，使兩腿成左弓步，同時兩手托槍向前刺甲咽喉；

甲右弓步不變，兩手握刀向上撥槍（圖 4）。

3. 甲乙撤步舞花

甲乙撤步，向右轉身掄舞花（圖 5）。

4. 甲乙弓步拉架

甲右腳向右開步，成右弓步，刀豎身右側；

乙倒右腳體右轉 180 度，成右橫弓步，同時兩手托槍，向甲刺槍（圖 6）。

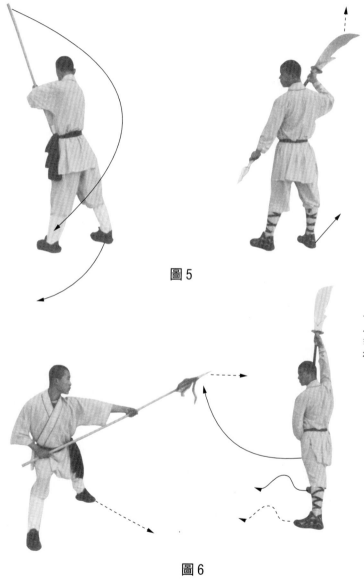

圖5

圖6

圖7

5.乙跳步刺槍　甲跳步格槍

　　乙先抬右腳後抬左腳向前踮跳一步，左腳落右腳前，成左弓步，向甲上部刺槍；

　　甲先抬右腳後抬左腳向前踮跳一步，左腳落右腳前，成左弓步，兩手倒握用大刀根向前格槍（圖7）。

6.乙再次刺槍　甲向外格槍

　　乙左弓步不變，兩手抽槍前刺；

　　甲左弓步不變，兩手握刀由裏向外格槍（圖8）。

圖 8

圖 9

7. 乙上步打頭　甲向裏撥槍

乙右腳向前上一步，成右弓步，同時倒把，用槍根向前劈打甲頭部；

甲兩腳不變，用刀把的根部撥槍根（圖9）。

圖 10

8. 乙轉身扎腳　甲上步撩刀

乙兩腳不動，體向右轉 90 度成插步，兩手握槍向甲足部扎槍；

甲右腳向前上步，成開步，倒把向前撩刀格槍（圖 10）。

9. 乙倒步刺面　甲向外撥槍

乙右腳向右移一步，兩手持槍向甲面部刺；

甲兩腳不動，仰刀向外撥槍（圖 11）。

10. 甲上步撥槍　乙滑步扎槍

甲左腳向前上一步，成左弓步，倒把用刀根

圖 11

圖 12

向前撥槍；

　　乙抬兩腳向右滑半步，向前上方刺槍（圖
12）。

圖 13

11. 甲上步削腰　乙俯身躲刀

甲抬右腳向前上步，成右弓步，兩手握刀向前砍削乙腰背；

乙向前低頭俯身躲刀（圖 13）。

12. 乙起身刺面　甲仰刀撥槍

乙起身向甲頭面部扎槍；

甲抬刀向上撥槍（圖 14）。

13. 乙倒步扎腳　甲上步格槍

乙抬左腳移於右腳後外側一步，使兩腿成插

圖 14

圖 15

步，托槍向甲足面扎槍；

甲抬左腳向前上一步，成左弓步，倒把向下格槍（圖 15）。

圖 16

14. 甲上步劈刀　乙轉身掤架

甲抬右腳向前上一步，成右弓步，握刀向前劈乙頭部；

乙體向左轉，使兩腿成右弓步，兩手托槍向前掤架（圖 16）。

15. 乙撤步下扎　甲倒步撥槍

乙右腳後撤一步，同時持槍刺甲足部；

甲倒右腳，掄半舞花，向前撥槍（圖 17）。

16. 乙向上刺槍　甲倒把格槍

乙兩腳不動，揚槍向上刺甲頭部；

圖 17

圖 18

甲向左掄舞花，倒把向外格槍（圖18）。

圖19

17. 乙連槍上刺　甲向裏撥槍

乙抽把向前上方刺槍；
甲以刀把向裏撥槍（圖19）。

18. 乙上步打頭　甲向外格把

乙倒左腳向後，使兩腿成右弓步，兩手倒把
向前打甲頭部；
甲兩腳不動，托把向外格把（圖20）。

19. 乙倒步上刺　甲上步撥槍

乙倒右腳向後一步，托槍向甲頭部刺；

圖 20

圖 21

　　甲抬右腳向前上一步，托刀向上撥槍（圖
21）。

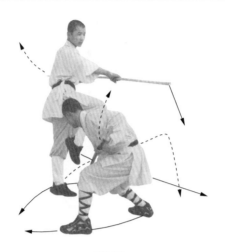

圖 22

20. 甲上步掛腿　乙跳步掃頭

　　甲抬左腳向前上一步，兩手持刀向前掃掛乙
兩腿；

　　乙抬兩腳向上跳步躲刀，同時揮把向前掃打
甲頭部（圖 22）。

21. 乙轉身上刺　甲轉身格槍

　　乙兩腳落地後，向左轉身 180 度，使兩腿成
左弓步，同時兩手托槍向前上方刺甲頭部；

　　甲向前上步，體左轉，使兩腿成左弓步，同
時倒把向上格槍（圖 23）。

圖 23

22. 乙倒步下扎　甲上步撥槍

乙抬左腳移於右腳後外側一步,使兩腿成插步,同時持槍向甲足部下扎;

甲抬右腳向前上一步,成右弓步,同時持刀向前撥槍(圖 24)。

23. 乙連槍下扎　甲撤步格槍

乙抽槍再向前下刺甲足部;

甲左腳移於右腳後外側,成插步,掄舞花背刀格槍(圖 25)。

圖 24

圖 25

圖 26

24. 乙倒步上刺　甲轉身撥槍

乙右腳向後倒一步，持槍向上刺甲頭面；

甲體向左轉 270 度，刀隨身向上撥槍（圖 26）。

25. 乙倒步打頭　甲上步格把

乙左腳向後倒一步，體左轉 90 度成右弓步，兩手倒把向前打甲頭部；

甲右腳向前上步，成右弓步，兩手倒把用刀根向前格把（圖 27）。

圖 27

26. 乙倒步上刺　甲返刀上格

乙右腳向後倒一步，持槍向前上方刺甲頭部；

甲兩手握刀，倒把返刀向前上方格抵乙槍（圖 28）。

27. 甲沉刀刺心　乙推把格刀

甲右弓步不變，揮刀向前刺乙胸腹部；

乙兩腳不動，沉槍鋒，推杆向前格刀（圖 29）。

圖 28

圖 29

圖 30

28. 乙向下扎槍　甲退步撥槍

乙兩腳不動，持槍向前下方刺甲足部；
甲抬兩腳退半步揮刀撥槍（圖30）。

29. 乙上步刺頭　甲跳步躲槍

乙抬右腳向前上一步，持槍向前刺甲下腹；
甲抬兩腳向左翻身跳步躲槍（圖31）。

30. 乙跟步下扎　甲轉身撥槍

乙抬兩腳向前墊跳半步，持槍向前下刺；
甲轉身後成左弓步，返刀撥槍（圖32）。

圖 31

圖 32

圖 33

31. 乙上步刺頭　甲仰刀格槍

乙抬左腳向前上一步,成左弓步,持槍向前上方刺甲頭面;

甲兩腳向後滑半步,仰刀上格(圖33)。

32. 乙連槍下扎　甲沉刀下撥

乙兩腳不動,沉槍下扎;

甲兩腳不動,沉刀下撥(圖34)。

33. 甲跳進絞刀　乙跳退絞槍

甲抬兩腳向前跳一步,兩腳落地後成插步,

圖 34

圖 35

同時兩手握刀向上絞刀；

　　乙速抬兩腳向後倒跳一步，兩腳落地後成插
步，同時兩手握槍向前上方絞槍（圖35）。

圖 36

34. 甲乙沉刀沉槍下絞

甲左腳向前上一步成左弓步，沉刀下絞；

乙右腿後退一步成左虛步，沉槍下絞（圖
36）。

35. 甲乙轉身背槍

甲向左、乙向右轉身 180 度，掄半舞花背刀、
背槍於身後，右手脫把抱拳於腰間（圖 37）。

圖 37

36. 甲乙踩腳

甲乙都抬右腳向前彈踢，抬右手向前拍擊右
腳面響亮（圖 38）。

37. 甲乙回頭望月

甲乙右腳下落左腳前一步，上體左轉 90 度，
使兩腿成右弓步，同時右掌變拳，架於頭右側，
目視左後方（圖 39）。

圖 38

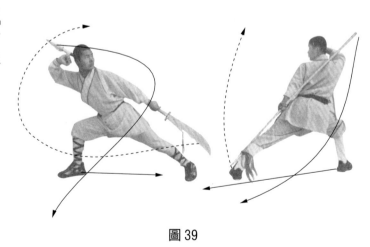

圖 39

圖 40

收　勢

甲收右腳與左腳成併步，刀由左向右掄半花，右手接把，然後豎於身右側，刀鋒向上，左臂下垂，手附左大腿外側，目視對方；

乙體向左轉 90 度，抬右腳向前上一步，體再左轉 90 度，收左腳與右腳成併步，槍隨身轉，右手接把，豎於身右側，槍鋒向上，左手垂臂，掌附大腿外側（圖 40）。

五、梢子棍進槍

歌訣：

梢子棍進槍，少林譜有藏。

任你神槍法，難擋我去向。

你用扎刺穿，我用撥格擋。

你倒步打頭，我上舉架樑。

你殺回馬槍，我有神牌擋。

楊羅神槍法，梢棍銘在行。

動作名稱及順序

預備勢

1. 乙連刺三槍　甲左右撥槍

2. 乙倒步扎槍　甲上步梢格

3. 乙撤步上刺　甲舉梢格槍

4. 乙抽槍上刺　甲滾身躲槍

5. 甲持梢劈頭　乙持槍壓梢

6. 乙向下扎槍　甲施梢撥槍

7. 乙托槍刺頭　甲撤步梢格

8. 乙撤步劈頭　甲上步格把

9. 乙倒步上刺　甲上步格槍

10. 乙上步蓋頭　甲絞梢棚架

11. 乙轉身下扎　甲沉把撥槍

12. 乙連槍下扎　甲倒梢格槍

13. 乙向上刺槍　甲舞梢格槍

14. 甲上步掃頭　乙撤步前俯

15. 乙轉身上刺　甲施梢格槍

16. 甲上步雲頂　乙撤步躲棍

17. 甲上步掃頭　乙俯身躲梢

18. 乙起身上刺　甲舉梢格槍

19. 甲轉身雲頂　乙撤步閃躲

20. 甲上步掃頭　乙俯身躲棍

21. 乙起身上刺　甲仰梢格槍

22. 乙轉身蓋頭　甲向裏格把

23. 乙轉身上刺　甲上步格槍

24. 乙倒把蓋頭　甲倒步棚架

25. 乙轉身下扎　甲倒把格槍

26. 乙連槍下扎　甲舞花梢格

27. 乙向上刺槍　甲仰梢格槍

28. 甲跳進掃腳　乙跳退躲棍

29. 乙端槍刺面　甲起身格槍

30. 甲跳進掃腿　乙跳退躲棍

31. 乙仰槍上刺　甲起身格槍

32. 甲轉身雲頂　乙抽槍待躲

33. 甲仆步掃腿　乙跳退躲棍

34. 乙落步上刺　甲起身格槍

35. 甲滾身劈打　乙向下壓棍

36. 乙連槍下扎　甲退步絞棍

37. 甲乙轉身舞花

38. 甲乙轉身對陣

收勢

預備勢

甲乙右手持械
（持梢子棍者為甲，
持槍者為乙）身胸挺
直，左臂下垂，手附
大腿外側，目視前方
（圖1）。

接上動作，甲乙
左手抱拳，放於腰間
（圖2）。

圖1

圖2

1. 乙連刺三槍　甲左右撥槍

　　乙抬右腳向左腳後外側移一步，體向右轉90度，使兩腿成左弓步，左手接把，托槍向前上方刺甲頭部；

　　甲以兩腳為軸，體向左轉90度，使兩腿成左弓步，左手接把，棍向前、向內撥槍（圖3）。

　　接上動作，甲乙弓步不變，乙抽槍上刺，甲向外撥棍（圖4）。

圖 3

圖 4

圖5

接上動作，甲乙弓步不變，乙再次抽槍上刺，甲向裏撥棍（圖5）。

2. 乙倒步扎槍　甲上步梢格

乙左腳向後倒一步，兩手托槍向甲小腿扎槍；

甲右腳上步成右弓步，同時向前、向下甩梢節格槍（圖6）。

3. 乙撤步上刺　甲舉梢格槍

乙撤右腳移於左腳外側一步，使兩腿成左弓

圖 6

圖 7

步，同時托槍向前上方刺甲頭部；

甲兩腳不動掄舞花，持梢向前格槍（圖7）。

圖8

4. 乙抽槍上刺　甲滾身躲槍

乙抽槍再向上刺；

甲先抬左腳，後抬右腳，向左翻身（體左轉
270度）跳步，梢子隨身掄於頭上（圖8）。

5. 甲持梢劈頭　乙持槍壓梢

甲體左轉90度，右腳向前上步成右弓步，兩
手持棍向前梢打乙頭部；

乙兩腳向右後方滑退一步，托槍向上、向右
壓梢（圖9）。

圖 9

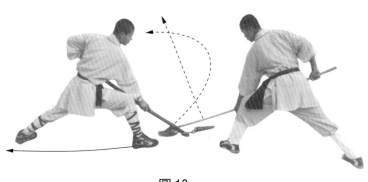

圖 10

6. 乙向下扎槍　甲施梢撥槍

乙兩腿變左弓步，托槍向前下方扎甲足部；
甲沉梢節向前下往內撥槍（圖10）。

圖11

7.乙托槍刺頭　甲撤步梢格

乙左弓步不變，兩手托槍向前上方刺甲頭部；

甲右腳後退一步，成左弓步，持棍甩梢節向上往外格槍（圖11）。

8.乙撤步劈頭　甲上步格把

乙撤左腳向後一步，成右弓步，倒把向前劈甲頭部；

甲右腳上步落左腳前，倒把向前上方格把（圖12）。

圖 12

9. 乙倒步上刺　甲上步格槍

乙抬右腳後退一步，成左弓步，兩手托槍向前上方刺甲頭部；

甲抬左腳向前上一步，成左弓步，兩手持棍梢節向上格槍（圖 13）。

10. 乙上步蓋頭　甲絞梢棚架

乙上右腳成右弓步，抽槍換把向前打甲頭部；

甲兩手托棍絞梢，然後向前上方架把（圖 14）。

圖 13

圖 14

圖 15

11. 乙轉身下扎　甲沉把撥槍

乙抬腳向後半步，體向右轉 90 度，使兩腿成插步，同時兩手托槍下扎；

甲倒把下撥（圖 15）。

12. 乙連槍下扎　甲倒梢格槍

乙兩腳不動，抽槍向前下方扎；

甲掄半舞花，倒梢下格（圖 16）。

13. 乙向上刺槍　甲舞梢格槍

乙兩腳不動，提槍上刺；

圖 16

圖 17

甲升梢向上格槍（圖 17）。

圖 18

14. 甲上步掃頭　乙撤步前俯

甲抬右腳向前上步成右弓步，兩手持棍用梢
向前上方雲旋一圈，然後再掃乙頭；

乙撤右腳向右落步，俯身躲棍（圖 18）。

15. 乙轉身上刺　甲施梢格槍

乙體向左轉 90 度，使兩腿成左弓步，兩手托
槍向前上方刺甲頭部；

甲右弓步不變，施棍梢格槍（圖 19）。

16. 甲上步雲頂　乙撤步躲棍

甲抬左腳向前上一步，兩手持棍換把在頭上

圖 19

圖 20

旋棍；

乙抬左腳後退一步，持槍閃躲（圖20）。

圖 21

17. 甲上步掃頭　乙俯身躱梢

甲抬左腳向前上半步，成左弓步，同時持棍向前、向上掃打乙頭部；

乙向前俯身躱梢（圖 21）。

18. 乙起身上刺　甲舉梢格槍

乙起身，倒右腳向左後側，體向右轉 90 度，使兩腿成左弓步，持槍上刺；

甲持棍揚梢格槍（圖 22）。

19. 甲轉身雲頂　乙撤步閃躱

甲抬右腳向上半步，持棍向頭上雲旋；

圖22

圖23

　　乙撤左腳向後一步，使兩腿成插步，閃躲甲棍（圖23）。

圖24

20. 甲上步掃頭　乙俯身躲棍

甲抬右腳向前上一步，成右弓步，同時持棍向前、向上掃打乙頭部；

乙向前俯身低頭避棍（圖24）。

21. 乙起身上刺　甲仰梢格槍

乙起身，體左轉90度成左弓步，兩手持槍向前上方刺；

甲右弓步不變，仰梢格槍（圖25）。

22. 乙轉身蓋頭　甲向裏格把

乙兩腳不動，上體左轉，倒把向前劈頭；

甲右腳後退一步，成左弓步，舉棍向裏格把

圖 25

圖 26

（圖 26）。

圖 27

23. 乙轉身上刺　甲上步格槍

乙兩腳不動，體右轉成左弓步，持槍上刺；

甲左腳後倒一步，成右弓步，施棍梢格槍（圖 27）。

24. 乙倒把蓋頭　甲倒步棚架

乙倒把向前、向上絞把，然後向前劈打甲頭；

甲右腳後倒一步成左弓步，兩手握棍向內絞梢，然後向上棚架（圖 28）。

圖 28

圖 29

25. 乙轉身下扎　甲倒把格槍

乙兩腳不動，上體右轉，持槍下扎；

甲兩腳不動，上體右轉倒把向下格槍（圖
29）。

圖 30

26. 乙連槍下扎　甲舞花梢格

乙左弓步不變，抽槍再向前下扎；
甲掄舞花，使梢節向前格槍（圖 30）。

27. 乙向上刺槍　甲仰梢格槍

乙左弓步不變，兩手抽槍再向上刺甲頭部；
甲右腳向前上一步，使兩腿成右弓步，仰梢
向前、向上格槍（圖 31）。

28. 甲跳進掃腳　乙跳退躲棍

甲抬兩腳向前踮跳一步，使兩腿成右仆步，
同時揮棍向前下方掃擊乙兩小腿；
乙抬兩足向後跳步躲棍（圖 32）。

圖 31

圖 32

圖 33

29. 乙端槍刺面　甲起身格槍

乙兩腳落地成大叉步，兩手托槍向前刺甲面部；

甲起身成右弓步，舉棍施梢格槍（圖 33）。

30. 甲跳進掃腿　乙跳退躲棍

甲抬兩腳向前跳一步，兩腳落地成左仆步，同時揮棍向前掃打乙小腿部；

乙抬兩腳向後跳步躲棍（圖 34）。

圖 34

31. 乙仰槍上刺　甲起身格槍

乙兩腿成左弓步，同時兩手托槍上刺；
甲起身成左弓步，仰梢上格槍。

32. 甲轉身雲頂　乙抽槍待躲

甲先抬左腳、後抬右腳向前上步，兩手持棍
向頭上雲旋；
乙抽槍待躲（圖35）。

33. 甲仆步掃腿　乙跳退躲棍

甲向前跳步落成右仆步，同時揮棍向前掃打

圖 35

圖 36

乙小腿；

　　乙向後跳退躲棍（圖 36）。

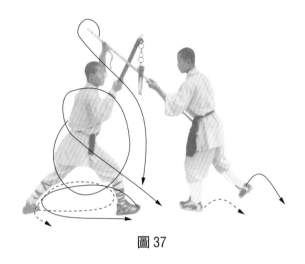

圖 37

34. 乙落步上刺　甲起身格槍

乙左腳向左落一步，兩手托槍向前、向上刺甲頭部；

甲起身，使兩腿成右弓步，兩手托棍仰梢格槍（圖 37）。

35. 甲滾身劈打　乙向下壓棍

甲抬兩腳向左翻身（左轉體 360 度），轉身後兩腿落成右弓步，兩手揮棍向前下劈打；

乙向後跳退，兩腳落地後成左弓步，兩手托槍向前、向下壓棍（圖 38）。

圖 38

圖 39

36. 乙連槍下扎　甲退步絞棍

乙左弓步不變，抽槍向前扎槍，再連續向前
滑步扎槍；

甲右弓步不變，揮棍向外格槍絞棍，連續退
右腳絞梢，再退左腳絞梢（圖 39）。

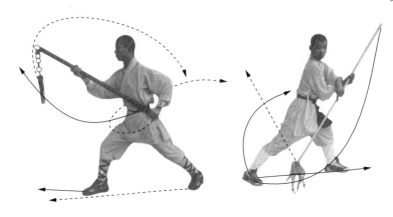

圖 40

37. 甲乙轉身舞花

甲倒右腳，向右轉體 180 度，乙向右轉體 90
度，上左腳，繼而右轉 90 度，然後各自掄舞花
（圖 40）。

38. 甲乙轉身對陣

甲左腳向前上一步，右腳再向前上一步，體向
左轉 90 度，使兩腿成右弓步，右手握棍向左掄半
花，平擔於右肩前，同時左手脫把，向左側推掌；

乙右腳向前上一步，體向左轉 180 度，使兩
腿成右縱弓步，兩手持槍向甲示刺，目視對方

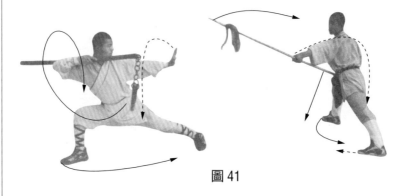

圖 41

（圖 41）。

收　勢

甲收右腳向內與
左腳成併步，右手持
棍半舞花，然後豎棍
於右側，棍梢向上；

乙向左轉 180
度，收左腳與右腳成
併步，右手握槍掄半
花，豎於身右側，同
時左手脫把，垂臂，
掌附大腿外側，目視
前方（圖 42）。

圖 42

導引養生功 系列叢書

張廣德養生著作

每冊定價 350 元

全系列為彩色圖解附教學光碟

彩色圖解太極武術

1 太極功夫扇

定價220元

2 武當太極劍

定價220元

3 楊式太極劍

定價220元

4 楊式太極刀

定價220元

5 二十四式太極拳+VCD

定價350元

6 三十二式太極劍+VCD

定價350元

7 四十二式太極劍+VCD

定價350元

8 四十二式太極拳+VCD

定價350元

9 楊式十八式太極劍

定價350元

10 楊氏二十八式太極拳+VCD

定價350元

11 楊式太極拳四十式+VCD

定價350元

12 陳式太極拳五十六式+VCD

定價350元

13 吳式太極拳五十六式+VCD

定價350元

14 精簡陳式太極拳八式十六式

定價220元

15 精簡吳式太極拳三十六式 拳架・推手

定價220元

16 夕陽美功夫扇

定價220元

17 綜合四十八式太極拳+VCD

定價350元

18 三十二式太極拳 四段

定價220元

19 楊式三十七式太極拳+VCD

定價350元

20 楊氏五十一式太極劍+VCD

定價350元

養生保健 古今養生保健法 強身健體增加身體免疫力

醫療養生氣功
定價250元

2 中國氣功圖譜

中國氣功圖譜
定價250元

3 少林醫療氣功精粹

少林醫療氣功精粹
定價250元

4 龍形實用氣功

龍形實用氣功
定價220元

5 魚戲增視強身氣功

魚戲增視強身氣功
定價220元

7 道家玄牝氣功

道家玄牝氣功
定價200元

仙家秘傳祛病功
定價160元

9 少林十大健身功

少林十大健身功
定價180元

10 中國自控氣功

中國自控氣功
定價250元

11 醫療防癌氣功

醫療防癌氣功
定價250元

12 醫療強身氣功

醫療強身氣功
定價250元

13 醫療點穴氣功

醫療點穴氣功
定價250元

中國八卦如意功
定價180元

15 正宗馬禮堂養氣功

正宗馬禮堂養氣功
定價420元

16 秘傳道家筋經內丹功

秘傳道家筋經內丹功
定價300元

17 三元開慧功

三元開慧功
定價250元

18 防癌治癌新氣功

防癌治癌新氣功
定價180元

19 禪定與佛家氣功修煉

禪定與佛家氣功修煉
定價200元

21 顛倒之術

顛倒之術
定價360元

簡明氣功辭典

簡明氣功辭典
定價360元

22 八卦三合功

八卦三合功
定價230元

23 朱砂掌健身養生功

朱砂掌健身養生功
定價250元

24 抗老功

抗老功
定價230元

25 意氣按穴排濁自療法

意氣按穴排濁自療法
定價250元

健身祛病小功法
定價200元

28 張氏太極混元功

張氏太極混元功
定價250元

29 中國璇密功

中國璇密功
定價250元

30 中國少林禪密功

中國少林禪密功
定價200元

31 郭林新氣功

郭林新氣功
定價400元

32 八卦之源與健身養生

太極
定價280元

原始氣功
定價400元

34 養生開脈太極

開脈太極
定價300元

太極跤

1 太極防身術

定價300元

2 擒拿術

定價280元

3 中國式摔角

定價350元

簡化太極拳

1 陳式太極拳十三式

定價200元

2 楊式太極拳十三式

定價200元

3 吳式太極拳十三式

定價200元

4 武式太極拳十三式

定價200元

5 孫式太極拳十三式

定價200元

6 趙堡太極拳十三式

定價200元

原地太極拳

1 原地綜合太極二十四式

定價220元

2 原地活步太極四十二式

定價200元

3 原地簡化太極拳二十四式

定價200元

4 原地太極拳十二式

定價200元

5 原地青少年太極拳二十二式

定價220元

6 原地兒童太極拳十捶十六式

定價180元

健康加油站

1 糖尿病預防與治療
定價200元

2 胃部機能與強健
定價180元

3 不孕症治療
定價200元

4 簡易醫學急救法
定價200元

5 肥胖健康診療
定價200元

6 肝功能健康診療
定價200元

7 高血壓健康診療
定價200元

8 高血糖值健康診療
定價200元

9 尿酸值健康診療
定價200元

10 膽固醇中性脂肪健康診療
定價200元

11 痛風劇痛消除法
定價180元

12 三溫暖健康法
定價180元

13 手·腳病理按摩
定價180元

14 B型肝炎預防與治療
定價180元

15 吃得更漂亮、健康
定價180元

16 茶使您更健康
定價180元

17 圖解常見疾病運動療法
定價180元

18 科學健身改變亞健康
定價180元

19 簡易萬病自療保健
定價220元

20 王朝秘藥媚酒
定價180元

國家圖書館出版品預行編目資料

少林器械對練／徐勤燕　釋德虔　編著
——初版，——臺北市，大展，2007〔民 96〕
面；21 公分，——（少林功夫；24）
ISBN 978-957-468-564-6（平裝）

1. 器械武術

528.975　　　　　　　　　　　　　96015114

少林器械對練

ISBN　978-957-468-564-6

編　　著／徐勤燕　釋德虔
責任編輯／范孫操
發 行 人／蔡森明
出 版 者／大展出版社有限公司
社　　址／台北市北投區（石牌）致遠一路 2 段 12 巷 1 號
電　　話／（02）28236031・28236033・28233123
傳　　眞／（02）28272069
郵政劃撥／01669551
網　　址／www.dah-jaan.com.tw
E - mail／service@dah-jaan.com.tw
登 記 證／局版臺業字第 2171 號
承 印 者／傳興印刷有限公司
裝　　訂／建鑫裝訂有限公司
排 版 者／弘益電腦排版有限公司
授 權 者／北京人民體育出版社
初版 1 刷／2007 年（民 96 年）10 月

定　價／200 元